AF235289

Resilienz trainieren

Mehr Disziplin, mentale Stärke und psychische Widerstandskraft für ein glückliches, stressfreies und zufriedenes Leben

Nadine Frei

FSC
www.fsc.org

MIX

Papier aus ver-
antwortungsvollen
Quellen
Paper from
responsible sources

FSC® C105338

Alle Ratschläge in diesem Buch wurden vom sorgfältig erwogen und geprüft. Eine Garantie kann dennoch nicht übernommen werden. Eine Haftung des Autors beziehungsweise des Verlags für jegliche Personen-, Sach- und Vermögensschäden ist daher ausgeschlossen.

INHALT

Das erwartet Sie

Hatten Sie schon einmal einen Tag, an dem alles schief zu laufen schien? An dem Sie den Kaffee verschüttet, sich auf dem Weg zur Arbeit verspätet oder eine unerfreuliche Begegnung gehabt haben? Nichts scheint so zu laufen, wie es eigentlich sollte. Situationen wie diese verärgern und bleiben oftmals noch tagelang im Gedächtnis hängen.

Das muss nicht sein. Der Beweis hierfür lässt sich in einem bestimmten Typ Mensch finden — und damit meine ich Menschen, die auf ärgerliche Lebenslagen mit einem Schulterzucken reagieren, ganz nach der Devise: *Shit happens*. Sie machen dort weiter, wo andere bereits die Flinte ins Korn geworfen hätten und scheinen ein derart dickes Fell zu haben, dass für sie jede noch so große Hürde zum wortwörtlichen Spaziergang wird. Doch wie schaffen sie das? Was unterscheidet diesen Typ Mensch von den Übrigen?

Ihr Geheimnis: Resilienz.

Wer resilient ist, der schafft es besser und einfacher, mit schwierigen Lebenslagen umzugehen als derjenige, der kaum bzw. keine Resilienz besitzt. Und nicht nur das: Ein hohes Maß an Resilienz kann sowohl zu einem positiveren Blick auf die Zukunft verhelfen als auch dabei, den Umgang mit negativen Empfindungen wie Wut, Trauer oder Ähnlichen zu schulen. Und das Beste daran: Resilienz lässt sich trainieren.

Was es mit dem Begriff auf sich hat, inwiefern Resilienz den eigenen Lebensalltag erleichtern kann und durch welche Mittel und Methoden Sie Ihre eigene Resilienz stärken können, erfahren Sie in den folgenden Kapiteln.

Resilienz: die Allround-Helferin der Psyche

WAS RESILIENZ IST UND WIE SIE UNS HELFEN KANN

Der Begriff der Resilienz besitzt eine Vielzahl an unterschiedlichen Bedeutungen. So beschreibt er in der Physik zum Beispiel die Fähigkeit von elastischem Material, nach starker Ausdehnung ohne Probleme in seine ursprüngliche Form zurückzukehren — eine Fertigkeit, die man bereits an den etymologischen Wurzeln des Wortes ablesen kann. Das Wort *Resilienz* ist auf den lateinischen Begriff „resilire" zurückzuführen, was übersetzt so viel bedeutet wie „abprallen" oder „zurückspringen".

Auch in der Psychologie findet der Begriff Anwendung. In diesem Bereich referiert er auf die Fähigkeit von Lebewesen, sich innerhalb ihres eigenen Ökosystems gegen erheblichen Druck von außen zu bewähren. Bezogen auf den Menschen ist damit die psychische Widerstandskraft, also die Fähigkeit zur Krisenbewältigung ohne nachträgliche mentale Beeinträchtigung und durch einen Rückgriff auf persönliche wie soziale Ressourcen gemeint.

Man kann den Begriff der Resilienz daher auch mit denen der Standhaftigkeit, Strapazierfähigkeit und Robustheit gleichsetzen. Darunter fallen jedoch nicht nur körperliche Aspekte — mit Resilienz ist gerade in der Psychologie ebenso eine emotionale sowie eine mentale Stärke gemeint. Je resilienter ein Mensch ist, desto gefasster reagiert er auf Ereignisse wie plötzliche Kündigungen, Trennungen, Geldsorgen und Ähnliches. Sein Umgang mit negativen Empfindungen ist wie der eines elastischen Bandes: Er lässt sie zurückprallen.

Ein widerstandsfähiger Mensch ist dadurch in der Lage, sich selbst in Notsituationen — egal, ob beruflicher oder privater Natur — nicht aus der Ruhe bringen zu lassen. Sein Belastbarkeitslevel ist in der Regel stärker und ausgeprägter als das seiner Mitmenschen. Anders ausgedrückt ist Resilienz also die „Fähigkeit von Menschen, auf wechselnde Lebenssituationen und Anforderungen in sich ändernder Situationen flexibel und angemessen zu reagieren und stressreiche, frustrierende, schwierige und belastende Situationen ohne psychische Folgeschäden zu meistern, d.h., solchen außergewöhnlichen Belastungen ohne negative Folgen standzuhalten." (Stangl, 2020).

Doch wie schafft man das? Welche Faktoren haben nachträglich andauernden Einfluss auf die Resilienz eines Menschen?

Erstmals zum Thema *Resilienz* geforscht wurde in den 1950er-Jahren im Rahmen der sogenannten *Kauai-Studie*. Die amerikanische Entwicklungspsychologin Emmy Werner hat auf der hawaiianischen Insel eine Längsschnittstudie mit insgesamt 698 Proband/innen zum Thema „psychische Widerstandskraft" durchgeführt. Ziel der Studie war es, heraus zu finden, inwieweit der Resilienzfaktor in der Persönlichkeitsentwicklung von Kindern eine

Rolle spielt und — im Zuge dessen — durch welche Umweltbedingungen der Resilienzfaktor eines Menschen beeinflussbar ist. Über 40 Jahre hinweg wurden die Proband/innen der Studie von Kindesbein an bis ins Erwachsenenalter begleitet. Die zur Untersuchung gestellten Einflussfaktoren bezogen sich auf soziale und biologisch-medizinische Aspekte des Lebens wie Armut, Familie, Migration und Religion oder ähnliche Formen mit ideologischen Festlegungen.

Die Ausgangsbedingungen im Leben der meisten Jungen und Mädchen waren als schlecht zu bezeichnen, da ihr Lebensstandard durch Armut, Vernachlässigung und Misshandlung geprägt war — geschiedene Eltern, zerrüttete Familienverhältnisse, finanzielle Sorgen und Ähnliches. Die Möglichkeiten auf ein „besseres Leben" waren bei dem Großteil der Proband/innen eher gering. Entgegen der Erwartungen zeichnete sich am Ende der Langzeitstudie jedoch ein überraschendes Bild ab:

„Ein Drittel der Kinder von Kauai wuchs zu selbstbewussten, fürsorglichen und leistungsfähigen Erwachsenen heran, die im Beruf wie in persönlichen Beziehungen bestanden. Die starken Kinder von Kauai hatten etwas, das die anderen nicht hatten: Es gab zumindest eine liebevolle Bezugsperson, die sich um sie kümmerte, wobei die Vertrauensperson nicht unbedingt Mutter oder Vater sein muss, sondern auch eine Tante, ein Lehrer, eine Nachbarin können diese Rolle füllen." (Stangl, 2020).

Werner fasste die Ergebnisse der Studie wie folgt zusammen: Die resilienten Kinder zeichneten sich durch eine durchschnittliche Intelligenz und ein gemäßigtes Temperament aus. Die emotionalen Bindungen, die sie zu ihren Bezugspersonen (egal, ob biologische Eltern, weitere Verwandtschaft oder andere Vertrauenspersonen) eingingen, verhalfen den Kindern weiterhin zu Selbstbewusstsein und Selbstständigkeit. Ebenso verstärkt wurde die Entwicklung der Kinder durch die Unterstützung der Gesellschaft, sei es innerhalb der schulischen Laufbahn, im Beruf oder anderen Lebensabschnitten. Alle drei

Faktoren stellen nicht nur Einflussfaktoren in der Entwicklung der Kinder dar, sondern wirken sich überdies auf die Ausbildung ihrer Resilienz aus.

Gibt man Kindern also die Möglichkeit zu vertrauen, erkennt man ihre Erfolge ebenso an wie ihre Fähigkeiten und Fertigkeiten und behandelt man sie als Gleichberechtigte, entwickelt sich auch ihre Resilienz entsprechend der Unterstützung, Förderung und Liebe, die ihnen gegenüber entgegengebracht wird. So lernen sie auch, auf eine gesunde Art und Weise mit Misserfolgen umzugehen. Wie die Studie zeigt, ist die Widerstandsfähigkeit demzufolge stark von äußeren Einflüssen und Umweltbedingungen abhängig und — je nachdem, welchen Einflüssen man unterliegt — in mehr oder weniger entwickelter Form bei einer Person ausgeprägt.

Wichtig ist hierbei jedoch anzumerken, dass es sich bei den zur Untersuchung vorkommenden Einflussfaktoren vor allem um statische Faktoren handelt, die durch die Proband/innen selbst im Kindesalter schwer zu ändern sind. Denn wie auch die Resultate der Studie zeigen, haben sich ebenso Kinder aus „schlechten Verhältnissen" zu resilienten

Erwachsenen entwickelt ähnlich diejenigen, die aus einem verglichen besseren Haushalt stammten.

Womit hängt das zusammen?

Die Ausbildung von Resilienz kommt durch die Interaktion mit der Außenwelt zustande. Gespräche mit anderen können Sie ebenso beeinflussen wie Ihre eigenen Worte das Gegenüber. Ihre Persönlichkeit wird durch die Interaktion mit anderen — Familie, Freunden, Kolleg/innen — ebenso geprägt wie durch Ihre eigenen Erfahrungen, die Sie im Laufe des Lebens sammeln.

Und genau hier liegt der Knackpunkt: Ihre Persönlichkeit.

Die Natur eines jeden Menschen ist geprägt von sogenannten *states* und *habits*.

Der Begriff *state*, im Deutschen mit „Zustand" zu übersetzen, bezeichnet in der Psychologie den psychischen Zustand eines Menschen zu einem gewissen Zeitpunkt. Der Zustand einer Person ist stets von den jeweils vorliegenden zeitlichen wie situativen Komponenten abhängig — das meint, dass Ihr emotionales wie mentales Wohlbefinden von der aktuellen Sachlage beeinflusst werden kann. Befinden Sie sich gegenwärtig beispielsweise im Stau, müssen aber dringend zu einem Termin, kann der dahinterstehende Druck zu Stress führen — ergo fühlen Sie sich ebenfalls gestresst, verärgert, womöglich frustriert. Der Begriff *state* umfasst über die Gedanken- wie Gefühlswelt hinaus noch die eigenen Bedürfnisse sowie Motiv- und Persönlichkeitszustände.

Dem gegenübergestellt referiert der Begriff *habit* auf die zur Gewohnheit gewordenen Verhaltensweisen einer Person. Es handelt sich bei *habits* also in der Regel um „unreflektierte Verhaltensweise[n], die durch häufige Wiederholung zur Konvention geworden sind und gepflegt werden" (Stangl, 2020), im Sinne routinierter Eingriffe, die sich überall im eigenen Leben wiederfinden lassen können — ob man seinen Kaffee lieber schwarz oder mit Milch und Zucker trinkt, was man für gewöhnlich in der halben Stunde vor dem Einschlafen macht etc. Unter diese Kategorie fällt gleichfalls die Tendenz, wie Sie auf eine bestimmte Situation reagieren — oder vielmehr: Wie Sie es gewohnt sind, auf sie zu reagieren, und wie sich infolgedessen Ihr psychisches Befinden, Ihr *state*, ändert.

Sowohl *states* als auch *habits* sind wandelbar. Das zeigen auch die Ergebnisse der Studie: Hatten die Kinder das richtige Mindset — zum Beispiel eben entstanden durch die Förderung von Bezugspersonen —, waren sie in der Lage, aus ihrem sozialen Hintergrund auszubrechen. Sie wuchsen trotz schlechter Ausgangsbedingungen zu resilienten Menschen heran. Das heißt, jene *states* und *habits* können auch bei Ihnen bis zu einem gewissen Grad und mit bestimmten Methoden an- und abtrainiert werden, bis sie irgendwann zu persönlichen Routine werden und Ihre ursprünglichen Gewohnheiten ersetzen.

Um die persönliche Resilienz-Fähigkeit demnach zu stärken, ist es zuvor wichtig, zu wissen, auf welchen *states* und *habits* die eigene Widerstandsfähigkeit beruht. Welche Faktoren sorgen für ein ausgewogenes Verhältnis und sind Voraussetzungen für die Entwicklung von Resilienz? Man spricht auch von den sogenannten *Säulen der Resilienz*. Was es damit auf sich hat, erfahren Sie im folgenden Kapitel.

DIE SÄULEN DER RESILIENZ: FAKTOREN, DIE UNSERE PSYCHE BEEINFLUSSEN

Das Modell der Säulen der Resilienz lässt sich auf Dr. Franziska Wiebel zurückführen, einer promovierte Molekular- und Evolutionsbiologin und Persönlichkeitstrainerin. Die angesprochenen Säulen fungieren als Stützpfeiler einer starken Resilienz — wichtig ist es daher, ein Gleichgewicht zwischen den Säulen herzustellen und auf Dauer zu halten. Um welche Säulen handelt es sich nun genau?

Zu den sieben Säulen der Resilienz gehören: Optimismus, Akzeptanz, Lösungsorientierung, das Verlassen der Opferrolle, das Übernehmen von Verantwortung, das Aufbauen von sozialen Netzwerken sowie die eigene Zukunftsplanung.

Was ist damit im Einzelnen gemeint?

Zur Stärkung der persönlichen Resilienz ist es wichtig, eine gesunde **optimistische Grundhaltung** zu wahren und zu vertreten. Natürlich sei damit nicht gesagt, dass man beständig und immerzu gut gelaunt durchs Leben gehen soll. Weder ist dies einfach noch gesund und kann in manchen Fällen sogar zu Selbstüberschätzung, Lethargie oder Verleum–

dung führen. Anders ausgedrückt: „Unsere positiven Tagträume vom Sieg beim Springseilspringturnier lassen uns zwar den Podestplatz zum Greifen nah erscheinen, aber gleichzeitig auch das Springseil ungenutzt in der Garage hängen." (Bracholdt 2015)

Die Sorgen um den Erfolg des geplanten Vorhabens kann in gemäßigten Häppchen obendrein gesund und motivierend sein: Nach dem Yerkes-Dodson-Gesetz arbeiten Menschen unter einem mittleren Schwierigkeitsgrad am besten, weil sie dadurch eben auch am besten stimuliert werden. In diesem Kontext sind Aufgaben gemeint, die Sie zwar *heraus-*, aber nicht *über*fordern, wodurch Ihre Aufmerksamkeit hoch genug ist, damit Sie alles wahrnehmen, aber nicht so hoch, dass Angst Ihre Sinne vernebelt. Sie erzielen also die besten Resultate mit einem gewissen Maß an Erregung — auch in Situationen, die Sie pessimistisch stimmen könnten.

Optimistisch auf die aktuelle und zukünftige Situation zu blicken, kann — trotz Krisenlage — aktiv dazu beitragen, die eigene Widerstandsfähigkeit zu schützen. Indem man optimistisch bleibt, weigert man sich, auf- oder nachzugeben. Indem man versucht, trotz privater oder beruflicher Krisen positiv zu bleiben und es ablehnt, sich weiterhin einer negativen Stimmung auszusetzen, ist man eher in der Lage, sich auf das aktuelle Problem zu konzentrieren. Weiterhin ist es vor diesem Hintergrund von Bedeutung, bei auftretenden Problemen die gegebene Situation als solche anzunehmen, das heißt also, die aktuellen Hürden und Hindernisse für den Moment zu **akzeptieren**. Eingeschlossen werden davon ebenso die mit der momentanen Lage in Verbindung stehenden Einschränkungen jeglicher Art — dass man für den Augenblick unfähig ist, etwas an der Situation zu ändern, dass man für den Augenblick nicht die „richtigen" Mittel besitzt, um mit den Schwierigkeiten umzugehen, usw. Man spricht auch von einer kognitiven Selbstakzeptanz.

Gleiches gilt ebenfalls für die emotionalen Aspekte, die damit verknüpft sind, also die eigene Frustration, die eigene Wut oder das eigene Bedauern darüber, dass einem für den Moment die Hände sowohl im sprichwörtlichen als auch im übertragenen Sinne gebunden sind. Hierbei referiert man auf eine emotionale Selbstannahme. Indem man die negativen Empfindungen als solche hinnimmt und seine eigene Rolle — unter anderem auch seine

Fehler und Makel — infolgedessen akzeptiert, nimmt man sich selbst den Stress und Druck, dem man sich währenddessen ausgesetzt hat, und ist um einiges schneller in der Lage, sich auf das eigentliche Problem bzw. das Überwinden der Schwierigkeit überhaupt zu konzentrieren. Gemäß dem deutschen Sprichwort „Hindernisse sind dazu da, um überwunden zu werden!" kann man sein Handeln jeweils danach auszurichten und...

... sich auf die **Lösung des Problems** konzentrieren. Indem man seinen Fokus auf das Lösen der bevorstehenden Aufgabe richtet, fällt der eigene Blick automatisch auf Chancen statt Hindernisse. Es kann vorkommen, dass man neue Erfahrungen oftmals als Herausforderung ansieht, dass sich die damit in Verbindung stehenden Aspekte überwältigend anfühlen, dass man dadurch gelegentlich Macht- oder Hilflosigkeit empfindet.

Resiliente Menschen zeichnen sich in diesem Zusammenhang durch ihre Tendenz, bei Kontakt mit neuen Erlebnissen Möglichkeiten statt Hürden zu sehen, aus. Sie lassen sich nicht entmutigen und überlegen stattdessen, durch welche Mittel und Wege sie es schaffen, ihr Ziel — darin inbegriffen eben auch das Lösen der ursprünglichen Schwierigkeit — zu erreichen. Gerade im gemeinsamen Gespräch mit anderen kann dies umgesetzt werden. Wie der amerikanische Psychotherapeut Steve de Shazer bereits sagte: „Problemtalk creates problems. Solutiontalk creates solutions."

Gerade bei auftretenden Problemen ist es einfach, sich überwältigt zu fühlen, verloren und machtlos im Angesicht der aktuellen Lage. Wie bereits de Shazars Zitat andeutete, existiert jedoch auch in dieser Beziehung ein Unterschied zwischen resilienten und nicht resilienten Menschen. Dieser besteht vor allem im Umgang mit Hindernissen — **anstatt sich in der Opferrolle zu sehen, treten widerstandsfähige Menschen aktiv aus dieser heraus**. Damit sei nicht gesagt, dass es nicht verständlich und zu einem gewissen Grad sogar gesund sei, sich selbst für einen gewissen Zeitraum selbst zu bedauern.

Das Ausdrücken negativer Empfindungen ist, wie zuvor bereits angeschnitten wurde, für das eigene psychische Befinden hilfreich. Gemeint ist in diesem Kontext eher, sich nicht komplett im Selbstmitleid/-bedauern zu verlieren — ebenso wie damit aufzuhören, bei sich selbst oder bei anderen die

Schuld zu suchen, da dieses Verhalten oftmals (selbst-)verletzend wirkt. Jemanden oder sich selbst anzuschuldigen ändert weder am eigentlichen Problem etwas, noch kann dieses Verhalten etwas zur Lösung beitragen. Widmet man sich stattdessen dem „solutiontalk"...

... **übernimmt man automatisch Verantwortung für die eigene Lage.** Im Zuge dessen kommt es in der Regel häufig zur Selbstreflexion: *Was kann ich in diesem Moment tun, um meine Situation zu verbessern? Was kann ich anders machen? Und vor allem: Wie kann ich meine momentane Lage zum Positiven verändern?* Resiliente Menschen reflektieren über ihr Verhalten in Situationen jedweder Art — nichtig, ob diese im Erfolg oder Misserfolg geendet haben.

Sowohl die Reflexion über als positiv wahrgenommene als auch die über als negativ wahrgenommene Erfahrungen verhelfen Ihnen, herauszufinden, was Sie in Zukunft an sich und Ihrem Umgang mit Problemen ändern können, um zu besseren Ergebnissen zu gelangen. Um es in den Worten des englischen Essayisten Arnold Bennett zu formulieren: „Du bist nicht für das Universum verantwortlich: Du bist verantwortlich für dich selbst." Sie sind die einzige Person, die etwas an Ihren gegenwärtigen Lebensumständen ändern kann.

Um Resilienz zu stärken, ist die Zusammenarbeit mit anderen ebenfalls von Relevanz. Wie bereits zuvor angedeutet wurde, können Unterhaltungen das lösungsorientierte Denken fördern. Auch zeigen Resultate die Kauai-Studie deutlich, dass Kinder, die durch die Unterstützung und Liebe zu ihren Bezugspersonen gefördert worden sind, zu resilienten Charakteren herangewachsen sind.

Daher es ist umso wichtiger für die eigene Resilienz, ein **soziales Netzwerk aufzubauen** — nicht nur, um durch die Hilfe anderer persönliche Ziele umsetzen zu können, sondern auch als eine Art emotionalen Supports. Zwischenmenschliche Beziehungen steigern nachweislich das eigene Selbstbewusstsein und Selbstwertgefühl. Durch die Unterhaltungen mit anderen kann man ein Outlet für die eigenen Gefühle finden, sich Druck wie Stress „von der Seele reden" und optimistisch auf die Zukunft blicken. Ein soziales Netzwerk kann außerdem zu einem positiveren Blick sich selbst gegenüber führen, zum Beispiel durch Komplimente oder indem man Feedback von der Familie, dem Freundeskreis oder

Kolleg/innen bekommt. In der Psychologie spricht man in diesem Zusammenhang von *Selbst-* und *Fremdbild*. Das *Selbstbild* referiert hierbei auf das eigene Image, also das Konzept der eigenen Person sowie die damit in Verbindung stehenden Gedanken und Gefühle, die man sich selbst gegenüber äußert und besitzt. Dieses Image kann sowohl durch Selbstbeobachtung (hier vor allem Selbstreflexion) und äußere Einflüsse wie Kritik, Lob oder Kommentaren von anderen Menschen verändert und beeinflusst werden. Das *Fremdbild* meint demgegenüber die Wahrnehmung, die Ihr Umfeld von Ihnen besitzt. Beide Aspekte überlappen sich im Normfall, das heißt, dass das, was andere von Ihnen denken, auch von Ihnen selbst angenommen wird.

Halten Sie sich beispielsweise für unternehmungslustig und wird diese Meinung von Ihren Mitmenschen geteilt, stimmen Ihr eigenes Selbstbild und das Fremdbild Ihres Umfeldes überein. Dadurch wirken Sie authentisch, kompetent und fühlen bzw. denken dementsprechend positiv von sich selbst, was den Resilienzfaktor bedeutend beeinflusst. Die **Zukunftsplanung** kann vor diesen Hintergrund ebenfalls zur Stärkung der Resilienz beitragen.

Indem man sich angewöhnt, voraussichtlich zu planen, fühlt man sich selbst nicht nur abgesichert, sondern ist ebenfalls in der Lage, entspannter mit plötzlich eintretenden Krisen im privaten wie beruflichen Leben umzugehen. Indem Sie sich bereits während „guter Zeiten" Ressourcen aneignen, schaffen Sie sich damit eine Art Puffer, auf den Sie während kriselnder Situationen zurückgreifen können. Dabei kann es sich um zur Seite gelegtes Geld handeln oder um das tags zuvor zubereitete Mittagessen, sollten Sie aufgrund von spontan eintretendem Zeitmangel keine Zeit zum Kochen finden.

Arbeitet man mit und an diesen sieben Säulen, entsteht ein stetes, ausgeglichenes Resilienz-Verhältnis, das heißt, man stärkt die eigene psychische Widerstandskraft. Indem man die Stärke der einzelnen Säulen trainiert und das ihr zugrunde liegende Konzept verinnerlicht, trainiert man dementsprechend auch die eigene Resilienz. Hierzu existieren Übungen — praktische Übungen, die Sie problemlos in Ihren Alltag integrieren und im Selbsttraining (daheim oder wo auch immer Sie sich sicher und wohl fühlen) durchführen können. Diese Übungen werden Ihnen in den folgenden Kapiteln präsentiert.

Ein resilientes Leben führen

PART I: METHODEN ZUM SELBSTTRAINING

Wie bereits angeschnitten wurde, ergibt sich ein hoher Resilienz-Faktor aus dem Zusammenwirken aller sieben Säulen der Resilienz. Angedacht ist mit der Umsetzung folgender Übungen, dass sich die Säulen als *states* und *habits* — also als Grundeinstellungen, Verhaltensweisen, Gewohnheiten usw. — bei Ihnen manifestieren, bis sie zur reflexartigen Denkstrategie werden, sich also zur persönlichen Routine verfestigen.

Wichtig ist es an dieser Stelle, dass Sie die vorliegenden Übungen kontinuierlich für **mindestens zwei Monate wiederholen**, damit sich überhaupt eine Gewohnheit in Ihrem Alltag entwickeln kann. Es sind also — wie in der Regel gewöhnlich vermutet wird — keine 21 Tage, bis eine Handlung oder eine Denkweise zur Gewohnheit wird, sondern an die 66 Tage. Die Vorstellung der 21 Tage beruht hierbei auf einem Mythos, der sich in den Köpfen vieler Menschen eingebürgert hat. Tatsächlich hat eine Forschungsstudie zur Alltagsforschung an dem University College in London unter der Leitung der britischen Psychologin Philippa Lally und ihrem Team genau die Theorie der knapp 66 Tage andauernden Gewohnheitsmanifestierung nachweislich bestätigen können:

„Sie untersuchten 96 Personen über einen Zeitraum von 12 Wochen. Jeder Teilnehmer wählte eine Gewohnheit und berichtete täglich ob sie sie eingehalten haben oder nicht. Am Ende der 12 Wochen untersuchten die Forscher, wie lange jede Person gebraucht hat um die entsprechende Tätigkeit zu automa–tisieren. Die Antwort? Im Durchschnitt dauert es mehr als 2 Monate, bis eine Gewohnheit automatisch abläuft. Genauer gesagt ca. 66 Tage." (Schimming 2014)

Anzumerken sei an dieser Stelle jedoch auch, dass der Zeitraum zur Entwicklung der untersuchten Gewohnheiten stark von den unterschiedlichen Teilnehmer/innen, der Gewohnheit selbst sowie den Umständen, unter denen die Proband/innen sich die jeweilige Gewohnheit anzueignen versuchten, abhängig waren. Ob Sie Ihre eigene Resilienz daher stärken können, hängt demnach zum Teil von Ihrem eigenen Willen ab. Um sowohl die Anwendung der folgenden praktischen Übungen zu garantieren als auch um Ihren bisher etablierten Gewohnheiten entgegenzuwirken, ist es daher wichtig, dass Sie Ihre eigene Resilienz auch stärken *wollen*.

Damit sei nicht gesagt, dass Sie sich keine Aussetzer leisten können; wichtig ist es vielmehr, dass Sie aufpassen, nicht das Momentum zu verlieren. Die Wiederholungen der Übungen sind dementsprechend entscheidend für eine beständige Resilienz, da Ihr Gehirn durch die häufige Rezeption der immer gleichen Vorgänge jene Ablaufmuster überhaupt erst verinnerlicht. Die Denk- und Verhaltensweisen, die Sie durch die Übungen ausbilden sollen, sollen so zur Gewohnheit werden. Die Übungen zum Selbsttraining sind an die jeweiligen *Säulen der Resilienz* angepasst. Sie können diese also jederzeit und so oft Sie Bedarf und/oder Verlangen verspüren, anwenden.

Optimismus

Um eine optimistische Grundhaltung zu trainieren, ist Dankbarkeit einer der Schlüsselbegriffe. Dankbarkeit selbst wird als positives Gefühl definiert, stets durch die Anerkennung einer bestimmten Zuwendung, die Sie anderen Menschen zukommen lassen (oder andere Menschen Ihnen). Indem Sie dankbar sind, richtet sich Ihre Perspektive automatisch auf die positiven Aspekte des Lebens. Um es in den Worten der österreichischen Novellistin Marie von Eber-Eschenbach auszudrücken: „In jede hohe Freude mischt sich eine Empfindung der Dankbarkeit."

Dankbarkeit lässt sich durch simple Methoden ausüben. **Schreiben Sie hierzu täglich drei Dinge auf, für die Sie in Ihrem Leben dankbar sind.** Dabei kann es sich um alltagsspezifische Angelegenheiten handeln, zum Beispiel der Dank an einen Menschen, der Ihnen die Tür aufgehalten hat, aber auch um Dinge, für die Sie im Allgemeinen dankbar sind, zum Beispiel Ihre Gesundheit. Empfehlenswert ist es zudem, sich zu diesem Zweck eine Art Notizbuch anzulegen — so können Sie auch in „schlechten Zeiten" auf die Dinge in Ihrem Leben zurückblicken, die positiv sind und auf diese Weise wieder neuen Mut schöpfen.

Weiterhin gibt es einen zweiten einfachen Trick, um die eigene Stimmung nachweislich zu verbessern: **Lächeln.** So klischeehaft dies im ersten Moment auch klingen mag, kann das Lächeln doch dabei helfen, eine positive Haltung gegenüber seines

Umfeldes sowie sich selbst gegenüber einzunehmen. In einer Studie zum Thema Body Feedback — gemeint ist hierbei der Einfluss von Körperhaltung, Bewegung sowie Mimik auf persönliche Entscheidungsprozesse — haben die Forscher/innen Lioba Werth und Jens Förster folgende Resultate verzeichnen können: „Wenn zu einer Aufgabe ein positiver Körperausdruck (z. B. Lächeln) kommt, empfinden wir die Aufgabe als positiver. Wenn ein negativer Ausdruck (z. B. Stirnrunzeln) dazukommt, wirkt die Aufgabe negativer."

Das heißt, Sie sind in der Lage, durch das Lächeln Ihren eigenen Körper dahingehend auszutricksen, dass Sie sich nicht nur gut fühlen, sondern auch, dass Ihnen die vorliegenden Aufgaben und Probleme einfacher zu handhaben scheinen. Dieses Prinzip lässt sich ebenfalls auf das Erinnern an bestimmte Erlebnisse aus Ihrem Leben übertragen: In der Regel lächelt man, wenn man sich an etwas Schönes erinnert. Umgekehrt gilt dasselbe. Es handelt sich also um einen steten, sich beeinflussenden Wechselkreis: Ist Ihr Körper somit positiv gestimmt (zum Beispiel, indem er lächelt), überträgt sich diese Stimmung auch auf Ihre Gedanken. Und sind Ihre

Gedanken positiver Natur, hat das wiederum Auswirkungen auf Ihren psychischen Zustand. Sollten Sie sich also das nächste Mal schlecht fühlen, lächeln Sie sich doch einfach mal im Spiegel an.

In diesem Kontext kann eine dritte Übung helfen, zu einer optimistischen Grundhaltung zu führen: **Formulieren Sie negative Gedanken um.** Anstatt sich beispielsweise vor einer wichtigen Präsentation einzureden „Ich kann das nicht", führen Sie sich Ihre eigenen Vorbereitungen ebenso wie Ihre eigenen Kompetenzen vor Augen. Oftmals sind Menschen — gerade in Bezug auf Angelegenheiten, die sie aufmerken lassen — vorbereiteter, als sie in schwachen Momenten annehmen.

Wie zuvor bereits angeschnitten, hängt dies mit dem Yerkes-Dodson-Gesetz zusammen: Ein gesundes Maß an Erregung, egal welcher Art, lässt die Menschen wach und aufmerksam zurück. Sie sind in der Lage, sich besser zu konzentrieren, sich daher besser auf das eigentliche Problem vorzubereiten und im Zuge dessen besser auf die gegebene Situation zu reagieren. Versichern Sie sich also vor dem nächsten anstehenden Termin, dass Sie alles Ihnen

Mögliche getan haben, anstatt sich gedanklich klein-
zureden.

<u>Akzeptanz</u>

Die problematische Situation als solche zu akzeptieren, scheint selbsterklärend zu sein. Bevor Sie also
das nächste Mal beim Auftreten eines Hindernisses
in alte Muster zurückfallen und sich über die gegebene Lage beschweren, halten Sie für einen Moment
inne, bevor Sie handeln. Vor diesem Hintergrund
kann es helfen, **den damit in Verbindung stehenden negativen Gefühlen ein Outlet zu bieten**, zum
Beispiel durch kreative, körperliche und/oder mentale Mittel und Methoden.

Kreativ meint in diesem Kontext beispielsweise
durch das Schreiben, das Zeichnen, das Singen oder
Ähnliches. Ihre eigenen Gefühle aufzudrücken —
egal, ob durch Musik, Kunst oder Literatur—, kann
helfen, die Verarbeitung der eigentlichen Empfindungen und dementsprechend das Loslassen von
negativen Emotionen wie Wut, Frust, Trauer usw.
voranzutreiben. Indem Sie sich von diesen Empfindungen loslösen, sind Sie eher in der Lage, die aktuelle Situation oder das aufgetretene Hindernis als

solches zu akzeptieren, da der nachlastenden Lage der ursprüngliche Druck genommen wurde.

In der Psychologie existiert das Konzept der Kunsttherapie. Kunsttherapien sollen den jeweiligen Patient/innen dabei helfen, mit ihren Problemen, Traumata und ähnlichen Aspekten selbstständig klarzukommen und sie letztlich zu verarbeiten — alles über einen künstlerischen Weg. Dieses Prinzip können Sie in abgewandelter, kleiner Form auf Ihre eigene Situation übertragen. Anders ausgedrückt: „Kunst kann eine Möglichkeit sein, sich gestalterisch zu betätigen und dabei einen Weg zu finden, Gefühle auszudrücken, Konflikte zu bearbeiten, Selbstvertrauen aufzubauen oder schwierige Lebensabschnitte zu bewältigen." (Theiss u.a. 2017) Indem Sie sich — egal, auf welche Art und Weise — gestalterisch betätigen, therapieren Sie sich in gewisser Weise selbst und helfen sich dabei, den Ursprung der bestehenden Konfliktlage zu akzeptieren.

Körperlich bezieht sich in diesem Sinne speziell auf sportliche Aktivitäten jeglicher Art. Bewegung hilft nachweislich dabei, die Stresslevel des eigenen Körpers zu reduzieren. Der eigene Hormonhaushalt, gerade in Bezug auf Stresshormone wie Cortisol, wird somit wieder ins Gleichgewicht gebracht. Wichtig ist hierbei die Intensität der Bewegung und weniger die Sportart, der man nachgeht. Gleiches gilt für die Motivation, die dahintersteht: Gerade nach einem anstrengenden Arbeitstag ist man nicht immer in der Stimmung, sich noch großartig zu bewegen. Dies ist jedoch nicht notwendig: Schon ein kleiner Spaziergang von 15 bis 30 Minuten an der frischen Luft kann helfen, Stress abzubauen.

Die Fachärztin für Psychosomatik und Innere Medizin an der Berliner Park-Klinik Sophie Charlotte Cora Weber äußert sich dazu wie folgt: Bewegung — vor allem aerobe Bewegung, im Idealfall drei Mal wöchentlich und jeweils 45 Minuten ausgeführt — kann nachweislich dazu beitragen, die eigene Stimmung aufzuhellen und von persönlichen Ängsten, Sorgen und Ähnlichem abzulenken. Zu beachten sei hierbei eher, dass man das, was man tut, *gerne* und *beständig* tut. Der Sport, den man betreibt, sollte nämlich weder zusätzlichen Stress verursachen noch dazu führen, dass die eigene Laune im Keller endet.

Mit einem *mentalen* Outlet ist in diesem Kontext die Reduzierung der Stress auslösenden Gedanken gemeint. Wie zuvor bereits angeschnitten wurde, herrscht zwischen den eigenen Gedanken, dem Körper und der Psyche ein beständiger, sich einander beeinflussender Wechselkreis. Wütende Selbstgespräche wirken sich demnach negativ auf die Psyche aus, was Sie wiederum nach außen hin ausstrahlen und vice versa. Indem Sie also etwas für Ihren Geist tun, schwächen Sie den negativen Dialog mit sich selbst und können eher die Quelle der konfliktauslösenden Situation akzeptieren. Hierzu können Atemtechniken ebenso helfen wie Gespräche mit anderen über das Problem.

Eine der einfachsten Atemtechniken ist die 4-7-8-Breathing-Exercise-Regel. Hierbei holt man mit geschlossenem Mund vier Sekunden lang durch die Nase Luft, hält den Atem für sieben Sekunden an und atmet dann in einem Acht-Sekunden-Takt wieder langsam aus. Diesen Vorgang wiederholen Sie im Prinzip mehrere Male — solange, bis Sie sich ruhiger fühlen. Der Vorteil an dieser Übung: Sie können diese überall und jederzeit anwenden.

Weiterhin kann es helfen, psychischen Stress zu reduzieren, indem Sie mit Vertrauenspersonen über Ihr Problem sprechen. So klischeehaft dieser Trick auch klingen mag, hilft er jedoch ungemein weiter. Im Dialog mit anderen haben Sie nicht nur die Möglichkeit, Ihre Gefühle auf eine angemessene Art und Weise auszudrücken, sondern können sich Ihre eigenen Sorgen wortwörtlich „von der Seele reden". Gleichzeitig hilft das In-Worte-Fassen der Situation dabei, die eigene Lage zu akzeptieren und sich infolgedessen auf eine Lösung zu konzentrieren.

Lösungsorientierung

Zur Verbesserung des lösungsorientierten Denkens bietet es sich an, sich **persönliche, kleinere (Tages-)Ziele zu setzen.** Hierbei ist es wichtig, dass die Ziele positiv formuliert sind, bestenfalls so konkret, einfach und realistisch wie möglich. Sie sollten in der Lage sein, die von Ihnen gesetzten Ziele durch eigenes Handeln selbstständig zu erreichen und sich nicht durch diese überfordern zu lassen.

Indem Sie sich feste Ziele setzen, können Sie auch mit einem schnelleren Feedback und dementsprechend mit einem schnelleren Erfolg rechnen —

so erreichen Sie nicht nur eher ihre Ziele, sondern motivieren sich zur gleichen Zeit auch zu zukünftigen Plänen. Außerdem verhelfen Ihnen die im Zuge dessen gewonnenen Erfolge zu einem guten Gefühl, einem positiveren Selbstbild und einer optimistischeren Grundhaltung.

Verlassen der Opferrolle

Um tatkräftig an der Umsetzung seiner Träume zu arbeiten, ist es essenziell, aktiv zu werden und zu bleiben. Dazu gehört ebenso, sich gemachte Fehler einzugestehen. Anderen die Schuld für etwas zu geben, für das sie keine Verantwortung tragen, ist weder hilfreich noch für Ihre eigene psychische wie emotionale Gesundheit förderlich. Das Verlassen der Opferrolle, in der man sich beim Auftreten von Problem zuweilen schnell wiederfindet, gehört ebenfalls dazu. Wie kann man dies jedoch üben?

Die „Opferrolle" entsteht durch negative Gefühle wie Frust, Wut oder Bedauern — über die Konfliktlage selbst und/oder in Bezug auf die eigene Person. Zum einen kann hier also eine **ähnliche Vorgehensweise wie in den Abschnitten unter Optimismus und Akzeptanz** helfen, also die Verarbeitung jener negativen Empfindungen durch ein kreatives, physisches und/oder mentales Ventil sowie das Fokussieren auf die positiven Aspekte des eigenen Lebens. Zum anderen kann man — an diese Punkte angeknüpft — leichter und problemloser die Rolle des Opfers verlassen, indem man das **eigene Selbstwertgefühl bzw. das eigene Selbstbewusstsein stärkt**.

Rufen Sie sich Ihre eigenen Kompetenzen, Errungenschaften und Stärken in Erinnerungen: Was macht Sie aus? Was können Sie besonders gut? Worin sind Sie ein Ass? Indem Sie diese und ähnliche Fragen beantworten, schaffen Sie sich eine Liste von Dingen an, die das eigene Selbstwertgefühl bzw. das eigene Selbstbewusstsein hervorheben. Alternativ ist dies auch im Gespräch mit anderen Menschen aus Ihrem unmittelbaren Umfeld möglich: Bitten Sie Familie, Freund/innen und Kolleg/innen um Feedback. Was haben Sie in jener Angelegenheit oder jenem Projekt besonders gut gemacht? Durch welche Mittel und Methoden haben Sie dies erreicht? Überdenken Sie in diesem Kontext vor allem die Art und Weise, wie Sie an das Problem/Projekt/etc.

herangegangen sind — dies kann dabei helfen, Fehler in Zukunft zu vermeiden.

Hierzu ist es zum Beispiel empfehlenswert, sich ein eigenes Notizbuch anzulegen, indem Sie die angesprochenen Listen sowie das erhaltene Feedback eintragen. Auf diese Weise haben Sie stets eine tragbare, beständige Quelle an Positivität, die Sie in schwierigen Momenten daran erinnert, auf welche Dingen aus Ihrem Leben Sie stolz sein können. Durch den Rückblick stärken Sie Ihr Selbstwertgefühl und/oder Ihr Selbstbewusstsein ebenso wie durch ein aktuelles Gespräch mit sich und anderen.

Übernehmen von Verantwortung

Verantwortung zu übernehmen ist für das Stärken der eigenen Resilienz weiterhin von großer Bedeutung. Im Zuge dessen wird der Begriff der Selbstwirksamkeit, der auch in der kognitiven Psychologie eine Rolle spielt, aufgegriffen. Mit *Selbstwirksamkeit* — auch unter dem englischen Begriff *self-efficacy beliefs* bekannt — versteht man im Allgemeinen die „Überzeugung eines Menschen, auch schwierige Situationen und Herausforderungen aus eigener Kraft erfolgreich bewältigen zu können" (Stangl, 2020).

Indem man der Vorstellung folgt, aus eigener Kraft aus der jeweils vorliegenden Krisensituation entkommen zu können, wird man automatisch aktiv und steht für das eigene Handeln ein — man übernimmt Verantwortung für den Ausgang des vorliegenden Problems.

Dieses Prinzip lässt sich ebenfalls auf Misserfolge übertragen: Klappt etwas nicht so, wie es soll, kann man durch den eigenen Willen, also durch die Überzeugung an die eigene Selbstwirksamkeit, den Versuch starten, gegen diese Misserfolge vorzugehen, indem man aus den in diesem Zusammenhang gemachten Fehlern lernt. Ähnlich wie im vorherigen Abschnitt, der mit diesem Punkt Hand in Hand geht, stellt man sich folgende Fragen: Wie bzw. mithilfe welcher Mittel kann ich das Problem konkret aus dem Weg räumen? Welche Verhaltensweisen sollte ich vermeiden/ändern, um zur Lösung des Problems beizutragen? Welche Verhaltensweise sollte ich weiterhin verfolgen/umsetzen — was von dem, was ich getan habe, wirkt sich quasi positiv auf die aktuelle Sachlage aus?

In diesem Sinne ist es zum Beispiel ratsam, ebenfalls auf das im vorherigen Punkt angesprochene Notizbuch zurückzukommen. Tragen Sie es bei sich und **notieren Sie darin die Antworten auf die eben gestellten Fragen**, um sich Ihre eigene Selbstwirksamkeit somit nachweislich vor Augen zu führen und im Zuge dessen zu verinnerlichen.

Aufbau sozialer Netzwerke

Gerade in Bezug auf diesen Punkt stellen, wie im vorherigen Kapitel bereits etabliert, die Begriffe Selbst- und Fremdbild eine relevante Rolle für die Ausbildung und Stärkung der eigenen Resilienz. Ähnliches gilt für das Stützen des persönlichen sozialen Netzwerkes durch Selbst- und Fremdbild.

Selbst- und Fremdbild fungieren hier ähnlich eines Spiegels: Das, was man fühlt — oder in diesem Fall, wie man über sich denkt, wie man sich selbst wahrnimmt, wie man glaubt, zu sein —, strahlt man nach außen hin aus. Die Wahrnehmung anderer Menschen von der eigenen Person wird durch diese Ausstrahlung immens beeinflusst — ergo eben auch das Fremdbild, also das, was andere von Ihnen wahrnehmen und/oder sehen.

Fühlt man sich also gut, in sich ruhend und strahlt eine optimistische Grundhaltung aus, werden diese Aspekte ebenso der Außenwelt präsentiert. Dadurch wirken Sie auf Ihr Umfeld — egal, ob privat oder beruflich — automatisch ansprechbarer, zugänglicher und anziehender. Beziehungen entwickeln sich somit zu einer Art wechselseitigem Tauziehen, das Sie und Ihre Nächsten verbindet: Sie ziehen andere Menschen zum großen Teil eben durch Ihre persönliche Haltung über sich selbst und andere gleichermaßen an wie ab.

Um das eigene Selbstbild demnach zu stärken, empfiehlt es sich, ähnlich wie in dem Punkt über Optimismus, **negative Gedanken über die eigene Person umzuformulieren**. Zudem können Sie eine **Liste mit Dingen anfangen, die Sie an sich besonders mögen** — Charaktereigenschaften, physische Aspekte Ihres Selbst, etc. Hierbei sind Ihnen keine Grenzen gesetzt. Wichtig ist einfach, dass hinter den Worten Ihr Glaube steht, dass Sie die aufgelisteten Punkte ernst meinen und wahrheitsgemäß dafür eintreten würden und dass Sie diese Übung beständig wiederholen, um nachweislich Resultate zu liefern.

Sollte Ihnen eine Übung wie diese schwerfallen, können Sie auch in einem kleinen, abgewandelten Format beginnen: Schreiben Sie pro Tag einen Aspekt Ihres Lebens auf, auf den Sie stolz sind, der Ihnen am Herzen liegt oder Ähnliches. Das kann von einer gelungenen Präsentation in der Vergangenheit bis hin zu der Tatsache reichen, dass Sie es vor ein paar Tagen geschafft haben, jemanden zum Lächeln zu bringen. Alternativ ist es ebenso möglich, durch das Feedback anderer mit einer Liste zu beginnen: Fragen Sie die Menschen aus Ihrem Umfeld (Familie, Freundeskreis oder Arbeitskollegen), was ihnen an Ihnen gefällt, was sie an Ihnen besonders wertschätzen, etc. Dies regt nicht nur zur Unterhaltung — und infolgedessen zur Stärkung Ihrer Beziehung — an, sondern baut zur gleichen Zeit Ihr Selbst- wie Fremdbild aus. Im Regelfall sollten sich diese nämlich zu einem gewissen Teil überlappen, damit Sie in sich geruht sind und als selbstbewusste Persönlichkeit wahrgenommen werden.

Was zur Stärkung des sozialen Netzwerkes außerdem beiträgt, ist die einfache Tatsache, **mit den Menschen aus Ihrem unmittelbaren Umfeld Zeit zu verbringen**. Gemeinsame Zeit mit anderen

Menschen — privat wie beruflich — führt nicht nur dazu, dass sich beide Enden der Beziehung im Verlauf dessen gut fühlen, es kann zudem dabei helfen, psychischen wie emotionalen Stress zu reduzieren (wie auch in den vorherigen Punkten beschrieben). Selbst, wenn es sich nur um ein kurzes Telefonat mit der Familie handelt — kleine Gesten wie diese helfen aktiv dabei, das eigene soziale Netzwerk zu verstärken.

Zukunftsplanung

Ähnlich wie unter dem Abschnitt zur Lösungsorientierung ist es im Zusammenhang mit der Zukunftsplanung ratsam, **sich (Tages-)Ziele zu setzen und/oder tägliche To-do-Listen anzulegen.** Indem man dem persönlichen Tagesrhythmus eine Struktur gibt, setzt man sich automatisch Puffer und stellt Raum für Ressourcen zur Verfügung, auf die man im Notfall zurückgreifen kann.

Hierzu gehört unter anderem zum Beispiel auch das Zurücklegen von Geld. Sagt man sich beispielsweise, dass man jeden Tag einen Euro in eine separat angedachte Kasse legt, kann man im Falle von finanziellen Engpässen auf das in der Zwischenzeit angesammelte Ersparte zurückgreifen, um den Engpass ein stückweit zu entspannen. Ähnliches gilt auch für die Einkaufs- und Essensplanung unter der Woche. Weiß man, welche Gerichte man wann kocht, welche „Reste" man noch im eigenen Kühlschrank vorfinden wird und bereitet man bereits für die nächsten Tage die jeweiligen Mahlzeiten zu, erleichtert man sich zur gleichen Zeit den Alltag. So kann man sich auf andere, eventuell sogar wichtigere Angelegenheiten konzentrieren und lebt stressfreier.

Die zu den jeweiligen Säulen aufgelisteten Punkte können sowohl im Einzelnen als auch gemeinsam durchgeführt werden. Zur Erinnerung: Wichtig ist hierbei, dass Sie bei der Durchführung der Übungen nicht das Momentum verlieren. Ziel der Methoden ist es ja, dass die Säulen zur Gewohnheit werden, wodurch Sie Ihre eigene Resilienz verbessern und Ihr Leben in vollen Zügen genießen können.

Natürlich ist es nicht immer leicht, an alle Dinge gleichzeitig zu denken. Die Säulen auf Dauer selbstständig durchführen zu wollen, funktioniert, bedarf jedoch auch einer gewissen eigenen Vorplanung und -einstellung, was nicht jedermanns Sache ist. Hierzu

NADINE FREI

soll im zweiten Teil ein 10-Wochen-Plan aufgestellt werden, dem Sie zusätzlich zu den jeweiligen Übungen folgen können. Dabei werden die eben dargelegten Übungen in den Plan integriert und ausgebaut.

PART II: 10-WOCHEN-AKTIONS-PLAN

Im Folgenden werden Ihnen jeweils die einzelnen Wochenabschnitte mit den jeweiligen Praktiken vorgestellt. Hierbei wird es Übungen geben, die Sie jeden Tag bzw. jede Woche wiederholen sollen, sowie Methoden, die die Woche als Ganzes betreffen werden — sozusagen Oberthemen, die Sie während einer gesamten Woche begleiten werden. Diese Themen stellen in den ersten Wochen vor allem die sieben bereits beschriebenen Säulen in den Mittelpunkt, während die drei darauffolgenden Wochen sich auf den Wechselkreis der Resilienzfaktoren konzentrieren. Auf diese Weise ist zudem abgesichert, dass Sie mit dem Abschluss der zehn Wochen die 66-Tage-Marke erreichen, ab der eine Übung mit genügend Willen und Durchhaltevermögen im Durchschnitt überhaupt erst zur Gewohnheit wird.

Bevor Sie den 10-Wochen-Aktionsplan beginnen, ist es empfehlenswert, sich eine Art Notizbuch oder Ähnliches anzuschaffen, in dem Sie Ihre Gedanken niederschreiben können.

Die erste Woche soll unter dem Thema der ersten Säule „Optimismus" stehen.

Hierbei soll der Grundstein für die Stärkung der eigenen Resilienz gelegt werden: der Ausbildung einer positiven Grundhaltung, eines gesunden Optimismus, der Sie in Ihrem Leben weiter- und nach vorne bringen soll, und das sowohl im beruflichen als auch im privaten Umfeld. Vor diesem Hintergrund werden in diesem Abschnitt zwei Arten von Übungen vorgestellt — zum einen sind dies Übungen, die Sie möglichst täglich durchführen sollen und zum anderen Übungen, die speziell auf das Thema der Woche, in diesem Fall das der ersten Säule ausgerichtet sind.

Zu den Übungen, die Sie möglichst jeden Tag der Woche durchführen sollen, gehören:

- **Schreiben Sie jeden Tag mindestens drei Dinge auf, für die Sie dankbar sind**. Es ist im Zuge dessen egal, ob Sie dies am Morgen oder am Abend tun — wichtig ist, dass Sie sich zum Überlegen und Notieren Zeit nehmen und sich vor Augen führen, wie viele Aspekte Ihres Lebens Sie bisher für selbstverständlich genommen haben bzw. wie sehr diese Aspekte Ihr Leben und Ihren Alltag beeinflussen.

Zu den Übungen, die speziell auf das Thema der Woche zugeschnitten sind, gehören:

- **Schenken Sie jeden Tag mindestens einer Person genauso wie Ihrem eigenen Spiegelbild ein ehrlich gemeintes Lächeln.** Auch in diesem Fall ist der Zeitraum der Übung egal — Sie können dies gerne nach dem Aufstehen am Morgen oder vor dem Zu-Bett-Gehen am Abend machen. Wichtig ist, dass Sie die Übung als solche ernst nehmen und beständig durchführen.

- **Formulieren Sie negative Gedanken um, sobald Sie sich bei einem erwischen.** Empfehlenswert ist es, den umformulierten, positiven Gedanken am Anfang in Ihrem Notizbuch aufzuschreiben, damit sich der Gedanken durch die Handlung zusätzlich verfestigen kann.

Die zweite Woche soll unter dem Thema der zweiten Säule „Akzeptanz" stehen.
Ebenso wie im vorherigen Abschnitt werden zwei Arten von Übungen vorgestellt — einmal Übungen, die Sie möglichst täglich durchführen sollen, und

Übungen, die speziell auf das Thema der Woche, in diesem Fall das der zweiten Säule ausgerichtet sind.

Zu den Übungen, die Sie möglichst jeden Tag der Woche durchführen sollen, gehören:

- **Schreiben Sie jeden Tag mindestens drei Dinge auf, für die Sie dankbar sind.** Zur Erinnerung: Es ist egal, ob Sie dies am Morgen oder am Abend tun — wichtig ist, dass Sie sich zum Überlegen und Notieren Zeit nehmen und sich vor Augen führen, wie viele Aspekte Ihres Lebens Sie bisher für selbstverständlich genommen haben bzw. wie sehr diese Aspekte Ihr Leben und Ihren Alltag beeinflussen.

- **Schenken Sie jeden Tag mindestens einer Person genauso wie Ihrem eigenen Spiegelbild ein ehrlich gemeintes Lächeln.** Zur Erinnerung: Der Zeitraum der Übung ist egal — Sie können dies gerne nach dem Aufstehen am Morgen oder vor dem Zu-Bett-Gehen am Abend machen.

- **Formulieren Sie jeden negativen Gedanken um, sobald Sie sich bei einem erwischen.** Zur Erinnerung: Empfehlenswert ist es, den umformulierten, positiven Gedanken am Anfang in Ihrem Notizbuch aufzuschreiben, damit sich der Gedanken durch die Handlung zusätzlich verfestigen kann.

Zu den Übungen, die speziell auf das Thema der Woche zugeschnitten sind, gehören:

- **Bleiben Sie in Bewegung.** Egal, ob es sich dabei um einen kleinen Spaziergang um den Block handelt, zehn Minuten Fitnessübungen oder Yoga — versuchen Sie, in Bewegung zu bleiben. Führen Sie dies mindestens dreimal in der Woche durch. Sport — und dementsprechend Bewegung — jeglicher Art hilft dabei, Stress zu reduzieren; zudem klärt frische Luft bekanntlich den Kopf. Stress möglichst klein zu halten, verhilft zu Ruhe und infolgedessen dazu, aufkommende Probleme eher zu akzeptieren.

- **Werden Sie kreativ.** Singen Sie, zeichnen Sie, schreiben Sie, fotografieren Sie — egal, für was Sie sich letzten Endes entscheiden, versuchen Sie, auf die ein oder andere Art kreativ tätig zu werden, vor allem dann, wenn Sie mit negativen Empfindungen wie Wut, Trauer, Frust oder Genervtheit zu tun haben. „Fressen" Sie die auftretenden Gefühle nicht in sich hinein, sondern geben ihnen ein Ventil.

<u>Die dritte Woche soll unter dem Thema der dritten Säule „Lösungsorientierung" stehen.</u>
Ebenso wie im vorherigen Abschnitt werden zwei Arten von Übungen vorgestellt — einmal Übungen, die Sie möglichst täglich durchführen sollen und Übungen, die speziell auf das Thema der Woche, in diesem Fall das der dritten Säule ausgerichtet sind.

Zu den Übungen, die Sie möglichst jeden Tag der Woche durchführen sollen, gehören:

- **Schreiben Sie jeden Tag mindestens drei Dinge auf, für die Sie dankbar sind**. Zur Erinnerung: Es ist egal, ob Sie dies am Morgen oder am Abend tun — wichtig ist, dass Sie sich zum Überlegen und Notieren Zeit nehmen und sich vor Augen führen, wie viele Aspekte Ihres Lebens Sie bisher für selbstverständlich genommen haben bzw. wie sehr diese Aspekte Ihr Leben und Ihren Alltag beeinflussen.

- **Schenken Sie jeden Tag mindestens einer Person genauso wie Ihrem eigenen Spiegelbild ein**

ehrlich gemeintes Lächeln. Zur Erinnerung: Der Zeitraum der Übung ist egal — Sie können dies gerne nach dem Aufstehen am Morgen oder vor dem Zu-Bett-Gehen am Abend machen.

- **Formulieren Sie negative Gedanken um, sobald Sie sich bei einem erwischen**. Zur Erinnerung: Empfehlenswert ist es, den umformulierten, positiven Gedanken am Anfang in Ihrem Notizbuch aufzuschreiben, damit sich der Gedanken durch die Handlung zusätzlich verfestigen kann.

Zu den Übungen, die speziell auf das Thema der Woche zugeschnitten sind, gehören:

- **Bleiben Sie in Bewegung**. Zur Erinnerung: Egal, ob es sich dabei um einen kleinen Spaziergang um den Block handelt, zehn Minuten Fitnessübungen oder Yoga — versuchen Sie, in Bewegung zu bleiben. Führen Sie dies mindestens dreimal in der Woche durch. Sport — und dementsprechend Bewegung — jeglicher Art hilft dabei, Stress zu reduzieren; zudem klärt frische Luft bekanntlich den Kopf. Stress möglichst klein zu halten verhilft zu Ruhe und infolgedessen dazu, aufkommende Probleme eher zu akzeptieren.

- **Werden Sie kreativ.** Zur Erinnerung: „Fressen" Sie die auftretenden Gefühle nicht in sich hinein, sondern geben ihnen ein Ventil.

- **Stellen Sie für jeden Tag der Woche eine To-do-Liste mit kleinen, realistischen Zielen auf.** Dabei kann es sich um den Tageseinkauf im Supermarkt handeln, um das Lesen eines Buchkapitels, um das Haare- oder Wäschewaschen. Wichtig ist, dass es sich bei den aufgelisteten Zielen um realistische Dinge handelt, die Sie einfach, schnell und unkompliziert umsetzen können. Die dadurch garantierte schnelle Feedbackschleife wirkt in der Regel motivierend; außerdem sind Sie so in der Lage, sich selbst kleine Zeitfenster zu setzen, in denen Sie „Me"-Zeit genießen und am Ende des Tages entspannen können. Empfehlenswert ist es auch in diesem Fall, den Prozess schriftlich festzuhalten — so können Sie im Nachhinein noch einmal darauf zurückblicken, was Sie im Verlauf der Woche alles erreicht haben.

Die vierte Woche soll unter dem Thema der vierten Säule „Verlassen der Opferrolle" stehen.

Ebenso wie im vorherigen Abschnitt werden zwei Arten von Übungen vorgestellt — einmal Übungen, die Sie möglichst täglich durchführen sollen, und Übungen, die speziell auf das Thema der Woche, in diesem Fall das der vierten Säule ausgerichtet sind.

Zu den Übungen, die Sie möglichst jeden Tag der Woche durchführen sollen, gehören:

- **Schreiben Sie jeden Tag mindestens drei Dinge auf, für die Sie dankbar sind**. Zur Erinnerung: Es ist egal, ob Sie dies am Morgen oder am Abend tun — wichtig ist, dass Sie sich zum Überlegen und Notieren Zeit nehmen und sich vor Augen führen, wie viele Aspekte Ihres Lebens Sie bisher für selbstverständlich genommen haben bzw. wie sehr diese Aspekte Ihr Leben und Ihren Alltag beeinflussen.

- **Schenken Sie jeden Tag mindestens einer Person genauso wie Ihrem eigenen Spiegelbild ein ehrlich gemeintes Lächeln**. Zur Erinnerung: Der Zeitraum der Übung ist egal — Sie können dies gerne nach dem Aufstehen am Morgen oder vor dem Zu-Bett-Gehen am Abend machen.

- **Formulieren Sie negative Gedanken um, sobald Sie sich bei einem erwischen.** Zur Erinnerung: Empfehlenswert ist es, den umformulierten, positiven Gedanken am Anfang in Ihrem aufzuschreiben, damit sich der Gedanken durch die Handlung zusätzlich verfestigen kann.

- **Stellen Sie für jeden Tag der Woche eine To-do-Liste mit kleinen, realistischen Zielen auf.** Zur Erinnerung: Dabei kann es sich um den Tageseinkauf im Supermarkt handeln, um das Lesen eines Buchkapitels, um das Haare- oder Wäschewaschen. Wichtig ist, dass es sich bei den aufgelisteten Zielen um realistische Dinge handelt, die Sie einfach, schnell und unkompliziert umsetzen können.

Zu den Übungen, die speziell auf das Thema der Woche zugeschnitten sind, gehören:

- **Bleiben Sie in Bewegung.** Zur Erinnerung: Egal, ob es sich dabei um einen kleinen Spaziergang um den Block handelt, zehn Minuten Fitnessübungen oder Yoga — versuchen Sie, in Bewegung zu bleiben. Führen Sie dies mindestens dreimal in der Woche durch. Sport — und dementsprechend Bewegung — jeglicher Art hilft dabei, Stress zu reduzieren; zudem klärt frische Luft bekanntlich den Kopf. Stress möglichst klein zu halten verhilft zu Ruhe und infolgedessen dazu, aufkommende Probleme eher zu akzeptieren.

- **Werden Sie kreativ.** Zur Erinnerung: „Fressen" Sie die auftretenden Gefühle nicht in sich hinein, sondern geben ihnen ein Ventil.

- **Schreiben Sie jeden Tag mindestens drei Erfolge auf, auf die Sie stolz sind.** Hierbei ist es egal, ob es sich um Erlebnisse aus der Vergangenheit, also Ereignisse, die Wochen, Monate und Jahre zurückliegen, handelt, oder um Tageserfolge, die Sie zum Beispiel während der Arbeit erfahren haben. Es können genauso gut kleine Dinge sein wie *Ich habe den Busfahrer zum Lächeln gebracht* — wichtig ist, dass Sie sich vor Augen führen, was Sie im Leben bereits alles geschafft haben, um Ihr Selbstwertgefühl zu steigern und sich Ihre Kompetenzen in Erinnerung rufen.

<u>Die fünfte Woche soll unter dem Thema der fünften Säule „Verantwortung" stehen.</u>

Ebenso wie im vorherigen Abschnitt werden zwei Arten von Übungen vorgestellt — einmal Übungen, die Sie möglichst täglich durchführen sollen, und Übungen, die speziell auf das Thema der Woche, in diesem Fall das der fünften Säule ausgerichtet sind.

Zu den Übungen, die Sie möglichst jeden Tag der Woche durchführen sollen, gehören:

- **Schreiben Sie jeden Tag mindestens drei Dinge auf, für die Sie dankbar sind**. Zur Erinnerung: Es ist egal, ob Sie dies am Morgen oder am Abend tun — wichtig ist, dass Sie sich zum Überlegen und Notieren Zeit nehmen und sich vor Augen führen, wie viele Aspekte Ihres Lebens Sie bisher für selbstverständlich genommen haben bzw. wie sehr diese Aspekte Ihr Leben und Ihren Alltag beeinflussen.

- **Schenken Sie jeden Tag mindestens einer Person genauso wie Ihrem eigenen Spiegelbild ein ehrlich gemeintes Lächeln**. Zur Erinnerung: Der Zeitraum der Übung ist egal — Sie können dies gerne nach dem Aufstehen am Morgen oder vor dem Zu-Bett-Gehen am Abend machen.

- **Formulieren Sie negative Gedanken um, sobald Sie sich bei einem erwischen.** Zur Erinnerung: Empfehlenswert ist es, den umformulierten, positiven Gedanken am Anfang in Ihrem Notizbuch aufzuschreiben, damit sich der Gedanken durch die Handlung zusätzlich verfestigen kann.

- **Stellen Sie für jeden Tag der Woche eine To-do-Liste mit kleinen, realistischen Zielen auf.** Zur Erinnerung: Dabei kann es sich um den Tageseinkauf im Supermarkt handeln, um das Lesen eines Buchkapitels, um das Haare- oder Wäschewaschen. Wichtig ist, dass es sich bei den aufgelisteten Zielen um realistische Dinge handelt, die Sie einfach, schnell und unkompliziert umsetzen können.

- **Schreiben Sie jeden Tag mindestens drei Erfolge auf, auf die Sie stolz sind.** Zur Erinnerung: Hierbei ist es egal, ob es sich um Erlebnisse aus der Vergangenheit, also Ereignisse, die Wochen, Monate und Jahre zurückliegen, handelt, oder um Tages–

erfolge, die Sie zum Beispiel während der Arbeit erfahren haben. Es können genauso gut kleine Dinge sein wie *Ich habe den Busfahrer zum Lächeln gebracht* — wichtig ist, dass Sie sich vor Augen führen, was Sie im Leben bereits alles geschafft haben, um Ihr Selbstwertgefühl zu steigern und sich Ihre Kompetenzen in Erinnerung rufen.

Zu den Übungen, die speziell auf das Thema der Woche zugeschnitten sind, gehören:

- **Bleiben Sie in Bewegung**. Zur Erinnerung: Egal, ob es sich dabei um einen kleinen Spaziergang um den Block handelt, zehn Minuten Fitnessübungen oder Yoga — versuchen Sie, in Bewegung zu bleiben. Führen Sie dies mindestens dreimal in der Woche durch. Sport — und dementsprechend Bewegung — jeglicher Art hilft dabei, Stress zu reduzieren; zudem klärt frische Luft bekanntlich den Kopf. Stress möglichst klein zu halten verhilft zu Ruhe und infolgedessen dazu, aufkommende Probleme eher zu akzeptieren.

- **Werden Sie kreativ.** Zur Erinnerung: „Fressen" Sie die auftretenden Gefühle nicht in sich hinein, sondern geben ihnen ein Ventil.

- **Schreiben Sie die Dinge auf, die Sie aus Misserfolgen gelernt haben.** Sollten Sie sich an Misserfolge zurückerinnern oder eine aktuelle unangenehme Situation durchleben, halten Sie einen Moment inne und nehmen Sie Abstand zu den gegebenen Umständen. Überlegen Sie, was Sie hätten machen können, um die Lage zu einem Erfolg zu wandeln und notieren Sie diese Gedankengänge gegebenenfalls, um sie verfestigen zu lassen.

Die sechste Woche soll unter dem Thema der sechsten Säule „Netzwerke" stehen.
Ebenso wie im vorherigen Abschnitt werden zwei Arten von Übungen vorgestellt — einmal Übungen, die Sie möglichst täglich durchführen sollen, und Übungen, die speziell an das Thema der Woche, in diesem Fall der sechsten Säule angedacht sind.

Zu den Übungen, die Sie möglichst jeden Tag der Woche durchführen sollen, gehören:

- **Schreiben Sie jeden Tag mindestens drei Dinge auf, für die Sie dankbar sind**. Zur Erinnerung: Es ist egal, ob Sie dies am Morgen oder am Abend tun — wichtig ist, dass Sie sich zum Überlegen und Notieren Zeit nehmen und sich vor Augen führen, wie viele Aspekte Ihres Lebens Sie bisher für selbstverständlich genommen haben bzw. wie sehr diese Aspekte Ihr Leben und Ihren Alltag beeinflussen.

- **Schenken Sie jeden Tag mindestens einer Person genauso wie Ihrem eigenen Spiegelbild ein ehrlich gemeintes Lächeln**. Zur Erinnerung: Der Zeitraum der Übung ist egal — Sie können dies gerne nach dem Aufstehen am Morgen oder vor dem Zu-Bett-Gehen am Abend machen.

- **Formulieren Sie negative Gedanken um, sobald Sie sich bei einem erwischen**. Zur Erinnerung: Empfehlenswert ist es, den umformulierten, positiven Gedanken am Anfang in Ihrem Notizbuch aufzuschreiben, damit sich der Gedanken durch die Handlung zusätzlich verfestigen kann.

- **Stellen Sie für jeden Tag der Woche eine To-do-Liste mit kleinen, realistischen Zielen auf**. Zur Erinnerung: Dabei kann es sich um den Tageseinkauf im Supermarkt handeln, um das Lesen eines Buchkapitels, um das Haare- oder Wäschewaschen. Wichtig ist, dass es sich bei den aufgelisteten Zielen um realistische Dinge handelt, die Sie einfach, schnell und unkompliziert umsetzen können.

- **Schreiben Sie jeden Tag mindestens drei Erfolge auf, auf die Sie stolz sind**. Zur Erinnerung: Hierbei ist es egal, ob es sich um Erlebnisse aus der Vergangenheit, also Ereignisse, die Wochen, Monate und Jahre zurückliegen, handelt, oder um Tageserfolge, die Sie zum Beispiel während der Arbeit erfahren haben. Es können genauso gut kleine Dinge sein wie *Ich habe den Busfahrer zum Lächeln gebracht* — wichtig ist, dass Sie sich vor Augen führen, was Sie im Leben bereits alles geschafft haben, um Ihr Selbstwertgefühl zu steigern und sich Ihre Kompetenzen in Erinnerung rufen.

Zu den Übungen, die speziell auf das Thema der Woche zugeschnitten sind, gehören:

- **Bleiben Sie in Bewegung**. Zur Erinnerung: Egal, ob es sich dabei um einen kleinen Spaziergang um den Block handelt, zehn Minuten Fitnessübungen oder Yoga — versuchen Sie, in Bewegung zu bleiben. Führen Sie dies mindestens dreimal in der Woche durch. Sport — und dementsprechend Bewegung — jeglicher Art hilft dabei, Stress zu reduzieren; zudem klärt frische Luft bekanntlich den Kopf. Stress möglichst klein zu halten verhilft zu Ruhe und infolgedessen dazu, aufkommende Probleme eher zu akzeptieren.

- **Werden Sie kreativ**. Zur Erinnerung: „Fressen" Sie die auftretenden Gefühle nicht in sich hinein, sondern geben ihnen ein Ventil.

- **Schreiben Sie die Dinge auf, die Sie aus Misserfolgen gelernt haben**. Zur Erinnerung: Sollten Sie sich an Misserfolge zurückerinnern oder eine aktuelle unangenehme Situation durchleben, halten Sie einen Moment inne und nehmen Sie Abstand zu den gegebenen Umständen. Überlegen Sie, was Sie hätten machen können, um die Lage zu einem Erfolg zu wandeln und notieren Sie diese Gedankengänge gegebenenfalls, um sie verfestigen zu lassen.

- **Tun Sie jeden Tag mindestens einer Person etwas Gutes.** Halten Sie jemanden die Tür auf, schreiben Sie Ihren Nächsten eine kurze, aufmunternde Nachricht oder schenken Sie Ihren Arbeitskolleg/innen ein Kompliment — Ihnen sind im Zuge dessen keine Grenzen gesetzt. Wichtig hierbei ist, dass Sie die entsprechenden Gesten immer im Zusammenhang mit anderen tätigen. So stärken Sie nicht nur Ihre eigenen Beziehungen, sondern kräftigen ebenso Ihr Selbstwertgefühl und Selbstbewusstsein.

Die siebte Woche soll unter dem Thema der siebten Säule „Zukunftspläne" stehen.

Ebenso wie im vorherigen Abschnitt werden zwei Arten von Übungen vorgestellt — einmal Übungen, die Sie möglichst täglich durchführen sollen, und Übungen, die speziell an das Thema der Woche, in diesem Fall der siebten Säule angedacht sind.

Zu den Übungen, die Sie möglichst jeden Tag der Woche durchführen sollen, gehören:

- **Schreiben Sie jeden Tag mindestens drei Dinge auf, für die Sie dankbar sind.** Zur Erinnerung: Es ist egal, ob Sie dies am Morgen oder am Abend tun — wichtig ist, dass Sie sich zum Überlegen und Notieren Zeit nehmen und sich vor Augen führen, wie viele Aspekte Ihres Lebens Sie bisher für selbstverständlich genommen haben bzw. wie sehr diese Aspekte Ihr Leben und Ihren Alltag beeinflussen.

- **Schenken Sie jeden Tag mindestens einer Person genauso wie Ihrem eigenen Spiegelbild ein ehrlich gemeintes Lächeln.** Zur Erinnerung: Der Zeitraum der Übung ist egal — Sie können dies gerne nach dem Aufstehen am Morgen oder vor dem Zu-Bett-Gehen am Abend machen.

- **Formulieren Sie negative Gedanken um, sobald Sie sich bei einem erwischen.** Zur Erinnerung: Empfehlenswert ist es, den umformulierten, positiven Gedanken am Anfang in Ihrem Notizbuch aufzuschreiben, damit sich der Gedanken durch die Handlung zusätzlich verfestigen kann.

- **Stellen Sie für jeden Tag der Woche eine To-do-Liste mit kleinen, realistischen Zielen auf**. Dabei kann es sich um den Tageseinkauf im Supermarkt handeln, um das Lesen eines Buchkapitels, um das Haare- oder Wäschewaschen. Wichtig ist, dass es sich bei den aufgelisteten Zielen um realistische Dinge handelt, die Sie einfach, schnell und unkompliziert umsetzen können.

- **Schreiben Sie jeden Tag mindestens drei Erfolge auf, auf die Sie stolz sind**. Zur Erinnerung: Hierbei ist es egal, ob es sich um Erlebnisse aus der Vergangenheit, also Ereignisse, die Wochen, Monate und Jahre zurückliegen, handelt, oder um Tageserfolge, die Sie zum Beispiel während der Arbeit erfahren haben. Es können genauso gut kleine Dinge sein wie *Ich habe den Busfahrer zum Lächeln gebracht* — wichtig ist, dass Sie sich vor Augen führen, was Sie im Leben bereits alles geschafft haben, um Ihr Selbstwertgefühl zu steigern und sich Ihre Kompetenzen in Erinnerung rufen.

- **Tun Sie jeden Tag mindestens einer Person etwas Gutes**. Zur Erinnerung: Wichtig hierbei ist, dass

Sie die entsprechenden Gesten immer im Zusammenhang mit anderen tätigen. So stärken Sie nicht nur Ihre eigenen Beziehungen, sondern kräftigen ebenso Ihr Selbstwertgefühl und Selbstbewusstsein.

Zu den Übungen, die speziell auf das Thema der Woche zugeschnitten sind, gehören:

- **Bleiben Sie in Bewegung**. Zur Erinnerung: Egal, ob es sich dabei um einen kleinen Spaziergang um den Block handelt, zehn Minuten Fitnessübungen oder Yoga — versuchen Sie, in Bewegung zu bleiben. Führen Sie dies mindestens dreimal in der Woche durch. Sport — und dementsprechend Bewegung — jeglicher Art hilft dabei, Stress zu reduzieren; zudem klärt frische Luft bekanntlich den Kopf. Stress möglichst klein zu halten verhilft zu Ruhe und infolgedessen dazu, aufkommende Probleme eher zu akzeptieren.

- **Werden Sie kreativ**. Zur Erinnerung: „Fressen" Sie die auftretenden Gefühle nicht in sich hinein, sondern geben ihnen ein Ventil.

- **Schreiben Sie die Dinge auf, die Sie aus Misserfolgen gelernt haben.** Zur Erinnerung: Sollten Sie sich an Misserfolge zurückerinnern oder eine aktuelle unangenehme Situation durchleben, halten Sie einen Moment inne und nehmen Sie Abstand zu den gegebenen Umständen. Überlegen Sie, was Sie hätten machen können, um die Lage zu einem Erfolg zu wandeln und notieren Sie diese Gedankengänge gegebenenfalls, um sie verfestigen zu lassen.

- **Fangen Sie an, vorauszuplanen.** Aufbauend auf den täglichen To-do-Listen können Sie damit anfangen, vorauszuplanen — zum Beispiel in finanzieller und/oder ernährungstechnischer Hinsicht. Schaffen Sie sich beispielsweise eine kleine Spardose an, in der Sie jeden Tag einen Euro hinterlegen und bereiten Sie jeweils zwei Mal die Woche am Abend die Mahlzeiten des nächsten Tages vor. Der Extraaufwand wird sich lohnen.

In der achten, neunten und zehnten Woche sollen alle bisherigen Übungen vertieft werden. Dazu gehören:

- **Schreiben Sie jeden Tag mindestens drei Dinge auf, für die Sie dankbar sind.** Zur Erinnerung: Es ist egal, ob Sie dies am Morgen oder am Abend tun — wichtig ist, dass Sie sich zum Überlegen und Notieren Zeit nehmen und sich vor Augen führen, wie viele Aspekte Ihres Lebens Sie bisher für selbstverständlich genommen haben bzw. wie sehr diese Aspekte Ihr Leben und Ihren Alltag beeinflussen.

- **Schenken Sie jeden Tag mindestens einer Person genauso wie Ihrem eigenen Spiegelbild ein ehrlich gemeintes Lächeln.** Zur Erinnerung: Der Zeitraum der Übung ist egal — Sie können dies gerne nach dem Aufstehen am Morgen oder vor dem Zu-Bett-Gehen am Abend machen.

- **Formulieren Sie negative Gedanken um, sobald Sie sich bei einem erwischen.** Zur Erinnerung: Empfehlenswert ist es, den umformulierten, positiven Gedanken am Anfang in Ihrem Notizbuch aufzuschreiben, damit sich der Gedanken durch die Handlung zusätzlich verfestigen kann.

- **Bleiben Sie in Bewegung**. Zur Erinnerung: Egal, ob es sich dabei um einen kleinen Spaziergang um den Block handelt, zehn Minuten Fitnessübungen oder Yoga — versuchen Sie, in Bewegung zu bleiben. Führen Sie dies mindestens dreimal in der Woche durch. Sport — und dementsprechend Bewegung — jeglicher Art hilft dabei, Stress zu reduzieren; zudem klärt frische Luft bekanntlich den Kopf. Stress möglichst klein zu halten verhilft zu Ruhe und infolgedessen dazu, aufkommende Probleme eher zu akzeptieren.

- **Werden Sie kreativ**. Zur Erinnerung: „Fressen" Sie die auftretenden Gefühle nicht in sich hinein, sondern geben ihnen ein Ventil.

- **Schreiben Sie die Dinge auf, die Sie aus Misserfolgen gelernt haben**. Zur Erinnerung: Sollten Sie sich an Misserfolge zurückerinnern oder eine aktuelle unangenehme Situation durchleben, halten Sie einen Moment inne und nehmen Sie Abstand zu den gegebenen Umständen. Überlegen Sie, was Sie hätten machen können, um die Lage zu einem Erfolg zu wandeln und notieren Sie diese Gedankengänge gegebenenfalls, um sie verfestigen zu lassen.

- **Stellen Sie für jeden Tag der Woche eine To-do-Liste mit kleinen, realistischen Zielen auf.** Zur Erinnerung: Dabei kann es sich um den Tageseinkauf im Supermarkt handeln, um das Lesen eines Buchkapitels, um das Haare- oder Wäschewaschen. Wichtig ist, dass es sich bei den aufgelisteten Zielen um realistische Dinge handelt, die Sie einfach, schnell und unkompliziert umsetzen können.

- **Schreiben Sie jeden Tag mindestens drei Erfolge auf, auf die Sie stolz sind.** Zur Erinnerung: Hierbei ist es egal, ob es sich um Erlebnisse aus der Vergangenheit, also Ereignisse, die Wochen, Monate und Jahre zurückliegen, handelt, oder um Tageserfolge, die Sie zum Beispiel während der Arbeit erfahren haben. Es können genauso gut kleine Dinge sein wie *Ich habe den Busfahrer zum Lächeln gebracht* — wichtig ist, dass Sie sich vor Augen führen, was Sie im Leben bereits alles geschafft haben, um Ihr Selbstwertgefühl zu steigern und sich Ihre Kompetenzen in Erinnerung rufen.

- **Tun Sie jeden Tag mindestens einer Person etwas Gutes.** Zur Erinnerung: Wichtig hierbei ist, dass Sie die entsprechenden Gesten immer im Zusammenhang mit anderen tätigen. So stärken Sie nicht nur Ihre eigenen Beziehungen, sondern kräftigen ebenso Ihr Selbstwertgefühl und Selbstbewusstsein.

- **Fangen Sie an, vorauszuplanen.** Zur Erinnerung: Aufbauend auf den täglichen To-do-Listen können Sie damit anfangen, vorauszuplanen — zum Beispiel in finanzieller und/oder ernährungstechnischer Hinsicht. Schaffen Sie sich beispielsweise eine kleine Spardose an, in der Sie jeden Tag einen Euro hinterlegen und bereiten Sie jeweils zwei Mal die Woche am Abend die Mahlzeiten des nächsten Tages vor. Der Extraaufwand wird sich lohnen.

Haben Sie den 10-Wochen-Aktionsplan bis hierhin verfolgt, sollten sich nun im Idealfall die Faktoren zur Stärkung der eigenen Resilienz als alltägliche Gewohnheiten bei Ihnen ausgeprägt und eingebürgert haben. Bei Bedarf können Sie die Übungen jederzeit in dieser Art und Weise fortsetzen, zum Beispiel in Form eines weiterhin geführten Notizbuches.

Worte zum Abschluss

Durch die bisher etablierten Grundlagen und Anwendungen können Sie lernen, durch welche Mittel und Methoden Sie Ihre eigene psychische Widerstandsfähigkeit stärken und ausbauen können. Resilienz ist eine Fähigkeit, die in einer Vielzahl von Lebensbereichen Nutzung findet — im beruflichen wie im privaten Umfeld, im Freundes- wie im Familienkreis. Ein resilienter Mensch zu sein bedeutet, sich trotz Misserfolgen, Krisen, Sorgen und Nöten nicht vom alltäglichen

Leben unterkriegen zu lassen, sondern den Umständen zum Trotz weiter an sich und an der Umsetzung seiner persönlichen Ziele, Wünsche und Träume zu arbeiten.

Wie bereits der deutsche Philosoph Wilhelm von Humboldt sagte, spielt die Art und Weise, wie man sein Leben wahrnimmt, innerhalb dieses Prozesses eine relevante Rolle: „**Wie** ein Mensch sein Schicksal meistert, ist wichtiger, als **was** sein Schicksal ist."

Die angebrachte Übungen sollen dabei eine Hilfestellung leisten, ein Arsenal an Grundlagen, durch die man jederzeit das eigene Resilienz-Level stützen und erweitern kann. Haben Sie den 10-Wochen-Aktionsplan zum Beispiel erfolgreich abschließen können, ist es angebracht, diesen Erfolg gebührend zu wertschätzen. Also: Gönnen Sie sich zur Feier des Tages mit den inzwischen angesammelten vierzig Euro etwas. Sie haben es sich redlich verdient!

Herstellung und Verlag:

BoD – Books on Demand, Norderstedt

ISBN: 9783753401874

© Nadine Frei 2020

1. Auflage

Kontakt: Psiana eCom UG/ Berumer Str. 44/ 26844 Jemgum

Covergestaltung: Fenna Larsson

Coverfoto: depositphotos.com